U0643051

电力机巡企业
安全管理体系审核

主　编　郭启迪　李端姣
副主编　王　菁　章　坚　刘　高　张韶华　孙方坤　宋　晖

中国电力出版社
CHINA ELECTRIC POWER PRESS

图书在版编目（CIP）数据

电力机巡企业安全管理体系审核 / 郭启迪，李端姣主编 . —北京：中国电力出版社，2024.3（2024.5重印）
ISBN 978-7-5198-8739-1

Ⅰ. ①电… Ⅱ. ①郭…②李… Ⅲ. ①电力工业–企业管理–安全管理体系–建设–研究–中国 Ⅳ. ①F426.61

中国国家版本馆 CIP 数据核字（2024）第 054925 号

出版发行：中国电力出版社
地　　址：北京市东城区北京站西街 19 号
邮政编码：100005
网　　址：http://www.cepp.sgcc.com.cn
责任编辑：罗　艳（010-63412315）
责任校对：黄　蓓　张晨荻
装帧设计：张俊霞
责任印制：石　雷

印　　刷：三河市百盛印装有限公司
版　　次：2024 年 3 月第一版
印　　次：2024 年 5 月北京第二次印刷
开　　本：787 毫米×1092 毫米　横 32 开本
印　　张：3.875
字　　数：70 千字
印　　数：2001—3000 册
定　　价：20.00 元

编写工作组成员

主　　编	郭启迪	李端姣				
副主编	王　菁	章　坚	刘　高	张韶华	孙方坤	宋　晖
编写人员	卞佳音	罗　威	丁　建	生喜龙	王晓聪	李宇程
	潘　巧	吴让新	赵晓宁	肖铭杰	黎江蕾	张国发
	张若薇	康渭铧	陈　刚	熊仕维	林　程	张泉林
	裴健华					

主 编 单 位 广东电网有限责任公司机巡管理中心

副主编单位 广东创成建设监理咨询有限公司

国网宁夏电力有限公司

云南电网有限责任公司曲靖供电局

广东万虹科技有限公司

参 编 单 位 广东电网有限责任公司广州供电局

广东电网有限责任公司梅州供电局

国网浙江省电力有限公司杭州供电公司

北京送变电有限公司

广西电网有限责任公司机巡与不停电作业中心

云南电网有限责任公司昆明供电局

广东电网有限责任公司应急及风险管理中心

广东电网有限责任公司汕尾供电局

广东电网有限责任公司湛江供电局

广东电网有限责任公司珠海供电局

国网湖南省电力有限公司长沙供电分公司

国网甘肃省电力公司张掖供电公司

云南送变电工程有限公司

中能电科（武汉）有限责任公司

广东电网能源发展有限公司

煜邦数字科技（广东）有限公司

▍前　言▍

《安全生产风险管理体系》贯彻"一切事故都可以预防"的安全理念，融合了国际先进的安全管理体系内容、管理理念和管理方法，它从风险控制出发，提出了一整套安全生产管理的模式和方法，解决了安全生产"管什么、怎么管，做什么、怎么做"的问题，从管理理念、内容和方法上确保安全生产风险可控、在控。随着体系在机巡作业企业的深入推进，为更好地促进安全风险管理体系在电力机巡企业的落实，考虑创新性和机巡作业的特殊性，在依照《安全生产风险管理体系》要求的前提下，结合广东电网有限责任公司机巡管理中心、广东创成建设监理咨询有限公司、国网宁夏电力有限公司、云南电网有限责任公司曲靖供电局、广东万虹科技有限公司等企业或单位的现有经验，编制了本书，以适应机巡作业安全风险管理体系建设的需要。在编写过程中，综合考虑了以下原则：

1. 基于电力机巡企业或单位风险特点的原则

电力机巡企业的安全风险主要集中有人直升机和无人机巡检作业过程中的坠机风险，以及坠机风险所带来潜在的电网风险、财产损失风险、人身风险等。基于电力机巡企业的管理目的，还需重点控制机巡作业的成果质量、数据的准确性和及时性，以及机巡管理过程所伴随的法律风险。因此，本书整体框架和内容将围绕电力机巡企业核心风险控制需求和保障需求进行设计优化。

2. 整体性和一致性原则

本书参考《安全生产风险管理体系》进行编制，延续了其体系的核心思想。结构框架上设置了九个单元，内容编制上基于电力机巡作业核心风险特点，最终设置了38个要素。

3. 针对性与实用性原则

根据电力机巡企业的管理范畴及风险特点，在《安全生产风险管理体系》相关单元和要素上，延伸完善了机巡作业管理、机巡作业工具等管理内容，本书是《安全生产风险管理体系》的继承与延伸，它贯彻了原体系"基于风险、系统化、规范化、持续改进"的核心思想，更具针对性与实用性。

本书提出了一整套电力机巡企业安全风险管理的模式和方法，解决了"管什么、怎么管，做什么、怎么做"的问题，从管理理念、内容和方法上确保电力机巡安全风险可控、在控，本书可以作为电气类大学或高职院校的机巡专业教材，电力机巡企业或电力机巡管理单位的安全风险管理培训教材，也可以作为电力机巡安全风险管理体系审核工作人员的必备参考工具书。本书将成为全国首本系统性阐述电力机巡企业或单位安全风险管理体系建设及审核的专业书籍。

本书语言简洁、条目清晰、可执行性、可操作性特别强，对电力机巡企业或电力机巡管理单位的安全风险体系相关工作者具有良好的实践指导性。适用于全国电力机巡企业或电力机巡业务管理单位，旨在为其单位的安全风险管理体系审核人员提供一个审核工具和参考，也是电力机巡企业规范建立、建设自身安全风险管理体系的最佳参考书籍。

本书由广东电网有限责任公司机巡管理中心、广东创成建设监理咨询有限公司、国网宁夏电力有限公司、云南电网有限责任公司曲靖供电局、广东万虹科技有限公司、广东电网有限责任公司广州供电局、广东电网有限责任公司梅州供电局、国网浙江省电力有限公司杭州供电公司、北京送变电有限公司、广西电网有限责任公司机巡与不停电作业中心、云南电网有限责任公司昆明供电局、广东电网有限责任公司应急及风险管理中心、广东电网有限责任公司汕尾供电局、广东电网有限责任公司湛江供电局、广东电网有限责任公司珠海供电局、国网湖南省电力有限公司长沙供电分公司、国网甘肃省电力公司张掖供电公司、云南送变电工程有限公司、中能电科（武汉）有限责任公司、广东电网能源发展有限公司、煜邦数字科技（广东）有限公司等单位员工共同编制完成，在编制过程中也得到了参编者所在单位的指导和大力支持，在此一并感谢！

由于编写时间紧，且编写组成员的能力和经验有其自身局限性，本书难免有不足之处，敬请广大读者给予指正！

编者

2024 年 2 月

┃ 使 用 说 明 ┃

一、审核的原则与方法

安全生产风险管理体系的主要核心是系统化和规范化管理。因此，透过现象看本质，深度挖掘管理存在问题是体系审核的基本原则。审核时，应遵循以下审核方法：

（1）以 PDCA（Plan 计划，Do 执行，Check 检查，Action 行动）闭环管理流程为审核思路，通过相关管理或工作痕迹，以文件查阅、人员访谈、现场验证和抽样询问等方式，查找各环节问题或不符合事项。

（2）对发现问题/不符合事项，按 SECP（Scheme 策划，Execution 执行，Consistency 依从，Performance 绩效）审核模型进行归类分析和诊断，分析各要素在策划、执行、依从、绩效各环节的表现，针对系统或管理上的根本原因提出改进机会。

（3）分析存在问题/不符合项在 SECP 各环节中所占比例和关键程度，按照计分方法计算 SECP 各环节的得分，并汇总计算过程管理得分。

（4）根据过程管理得分率，确定电力机巡企业的安全风险管理体系运转整体绩效的等级。

二、分数分配与计分方法

（一）体系各单元分数分配

体系各单元分数分配见表 1。

表 1   体系各单元分数分配

单元	1 安全组织管理	2 能力要求与培训	3 危害辨识与风险评估	4 作业环境	5 机巡作业工具	6 机巡作业管理	7 职业健康	8 应急与事故/事件管理	9 安全管理体系检查、审核与改进	总计
分数	1740	550	1450	750	820	2570	450	870	800	10000

（二）SECP 分数分配

根据体系内容的系统性原理，本书已经按一定的比例给出各单元及要素分数，每个要素的分数将按以下比例分配到 SECP（策划、执行、依从、绩效）各环节，见表 2。

表 2   要素的分数比例分配

环节	分数比例（%）
策划：工作所需资源与协调，相关标准及支持文件的准备和建立（S）	10
执行：标准/计划及支持文件执行（E）	25
依从：标准/计划及支持文件执行的依从程度（C）	30
绩效：工作达到目标（P）	35
总分：各环节得分之和	100

（三）计分方法

计算 SECP 各环节分数时，应通过审核发现的具体问题，分析各环节存在的管理问题并按其关键程度扣一定的百分数。

1. 审核思路

以电力机巡企业的核心业务为导向，审核其管理业务流程是否清晰，流程中所涉及的工作是否满足"基于风险、系统化、规范化与持续改进"的要求，依据业务对应体系要素，从 SECP 四个环节实施审核，基本审核要点如下。

S 环节：标准/计划建立的全面性与充分性，资源配置合理性，工作协调性，以及标准是否能够实现流程控制、风险控制与质量控制。

E 环节：标准/计划执行的完整性。

C 环节：标准/计划执行的一致性。

P 环节：执行的绩效（工作结果是否达到要素要求的目的/目标）。

2. 各环节计分方法

（1）按上述分数分配原则，每个要素分别为 S 分 = 要素分 × 10%；E 分 = 要素分 × 25%；C 分 = 要素分 × 30%；P 分 = 要素分 × 35%。

S 扣分百分数 = S 扣分/S 分；

E 扣分百分数 = E 扣分/E 分；

C 扣分百分数 = C 扣分/C 分；

P 扣分百分数 = P 扣分/P 分；

S 得分 = S 分 ×（100% – S 扣分百分数）；

E 得分 = E 分 ×（100% – E 扣分百分数）×（100% – S 扣分百分数）；

C 得分 = C 分 ×（100% – C 扣分百分数）×（100% – S 扣分百分数）；

P 得分 = P 分 ×（100% – P 扣分百分数）；

要素得分 = S 得分 + E 得分 + C 得分 + P 得分；

体系过程管理得分率 =（体系要素总得分/体系要素总分）× 100%。

（2）当电力事故、三级及以上事件次数比上个安全管理体系审核周期内的登记次数上升时，事故每增加一次扣 3%，三级及以上事件每增加一次扣 1%。在上一步骤"体系过程管理得分率"的基础上直接扣减，得出并发布最终的电力机巡企业安全管理体系审核得分率。

┃目　录┃

第 1 单元
安全组织管理

1.1 安全生产方针（100分）

目的：体现企业安全生产、职业健康、环境的宗旨和方向，以及企业持续降低安全生产风险的承诺，为企业安全生产管理提供方向。

安全生产方针审核要点见表1-1。

表1-1　　　　　　　　　　　安全生产方针审核要点

项目	审核要点	审核发现	备注
策划	（1）是否有标准规定了方针的制定、传达与回顾的职责与要求？ （2）是否制定了安全生产方针？方针是否由最高管理者签发？ （3）方针的内容是否满足法定等要求，并体现了企业宗旨、目标以及管理关注点。包括： ——遵守国家法律、法规的承诺； ——发展战略目标和方向； ——对安全、健康、环境及持续改进的承诺； ——客户、员工、社会和其他相关方的需求		

项目	审核要点	审核发现	备注
执行	（1）是否采用了有效的方式传达、发布和对外披露企业安全生产方针？如：讲解、张贴等。 （2）方针修改后是否正式发布，并确保其为企业内唯一现行有效版本		
依从	（1）企业是否在新员工入职前进行方针的培训？相关年度培训、会议中是否体现方针的相关内容？ （2）管理者及员工是否熟悉方针内容，并理解其内涵		
绩效	（1）是否每年通过安全生产委员会会议或管理评审等对方针进行回顾，确保了方针的适宜性？ （2）国家或上级政策、企业内外部条件发生变化时是否进行了回顾或修订		

1.2 安全生产责任制（200分）

目的：确保企业内安全生产的职责、权限得到规定和沟通。

安全生产责任制审核要点见表1-2。

表1-2　　　　　　　　安全生产责任制审核要点

项目	审核要点	审核发现	备注
策划	（1）是否有标准规定了责任制的制定、沟通与回顾的职责与要求？ （2）是否制定了各岗位安全生产责任制？包括： ——安全生产职责及其到位标准； ——权限与义务。 （3）安全生产责任制是否满足法律法规以及上级相关要求？是否体现了责任的有机传递、分层分级负责并落实到人？ （4）是否制定了员工拒绝作业的标准，规定了拒绝情形、报告、调查、处理与分析的程序		
执行	（1）各级人员是否清楚自己的职责、权限与到位标准？ （2）是否将员工拒绝程序向所有的员工进行了沟通与宣贯？员工是否清楚拒绝程序		

项目	审核要点	审核发现	备注
依从	（1）是否分层、分级负责并落实责任制？重点关注以下层面职责及到位标准在相关具体工作中的落实情况： ——领导层； ——管理层； ——执行层。 （2）拒绝事件是否得到客观的调查处理和反馈		
绩效	（1）是否制定考核办法，对责任制履行情况进行考核？ （2）机构与职能发生变化时是否及时对责任制进行修改？ （3）是否每年对责任制的全面性、合理性与可操作性进行回顾，对存在的问题进行了修订		

1.3 安全生产法律法规与其他要求（170分）

目的： 确保企业对所有相关的法律法规与其他要求的依从。

安全生产法律法规与其他要求审核要点见表1-3。

表1-3　　　　　　　　安全生产法律法规与其他要求审核要点

项目	审核要点	审核发现	备注
策划	（1）是否有标准规定法律法规与其他要求的识别、获取、融入、依从和回顾的职责与要求？ （2）获取法律法规与其他要求的渠道是否明确、畅通？ （3）是否对法律法规与其他要求的版本、类别、适用条款、融入的制度进行记录和动态管理		
执行	（1）是否将已识别的安全生产法律法规的适用条款与其他要求融入了企业制度与标准？ （2）在融入时，是否充分关注了适用的法律法规与其他要求的具体要求，并具备可操作性		

项目	审核要点	审核发现	备注
依从	（1）因法律法规与其他要求变动，而修编的企业相关制度和标准内容是否对员工进行宣贯？ （2）相关的法律法规与其他要求是否在管理、生产现场得到落实		
绩效	（1）是否每年对法律法规与其他要求的数据库进行回顾？已识别的法律法规与其他要求是否适用于企业的管理系统、标准及程序？ （2）现行的法律法规与其他要求是否得到充分识别、获取、融入和依从		

1.4 安全生产目标与指标（270分）

目的： 为企业的安全生产管理提供管理焦点与方向。

安全生产目标与指标审核要点见表 1-4。

表 1-4　　　　　　　　安全生产目标与指标审核要点

项目	审核要点	审核发现	备注
策划	（1）是否有标准对目标与指标的设立、实施、监测、回顾等方面的工作进行管理？ （2）是否分层、分级设定安全生产目标与指标，并文件化？ （3）是否考虑所需控制的风险和安全生产绩效而制订目标与指标？目标与指标是否可测量？ （4）安全生产目标是否体现了以下方面？ ——改善安全生产管理的努力和行动； ——对事故、事件控制的期望； ——对生产指标控制的期望		
执行	（1）是否为实现安全生产目标与指标提供了足够的资源保障？ （2）企业各层次是否制订了保障目标与指标实现的工作计划		

项目	审核要点	审核发现	备注
依从	（1）工作计划是否按期顺利开展？ （2）是否定期对目标、指标和相应工作计划完成情况进行监测、分析		
绩效	（1）是否每年对目标与指标完成情况进行回顾？包括经验、存在问题及建议措施。 （2）是否每年对目标与指标制订的科学性与合理性进行回顾		

1.5 安全生产会议（100分）

目的：为企业提供一个反映、讨论和处理安全生产问题的平台。

安全生产会议审核要点见表 1–5。

表 1–5　　　　　　　　　　安全生产会议审核要点

项目	审核要点	审核发现	备注
策划	（1）是否有标准对安全生产会议进行管理？明确了会议的类别、召开频率、组织与实施要求、处置与跟踪？ （2）组织安全生产会议时，是否明确了召开时间与地点、主持人与参会人员、会议目的与议题、会议材料准备要求、会议实施的资源需求等		
执行	（1）会议是否形成会议纪要，并明确工作任务、完成的时限、责任单位或责任人？ （2）会议是否解决重大安全生产问题		
依从	对会议提出的行动计划或部署，是否进行跟踪、检查、验收、反馈及效果评价		
绩效	是否定期对安全生产会议的策划、组织、实施、落实情况及会议效果进行回顾，并对发现的不足进行改进		

1.6　安全管理机构与人员配置（100 分）

目的： 为企业安全管理提供必要的资源保障。

安全管理机构与人员配置审核要点见表 1-6。

表 1-6　　　　　　　　　安全管理机构与人员配置审核要点

项目	审核要点	审核发现	备注
策划	（1）是否有标准对安全生产管理机构设置、安全管理人员配置、任命及资质进行管理？ （2）是否成立安全生产委员会，建立安全生产委员会工作规则？ （3）是否设置安全生产管理机构，并配备安全管理人员？是否建立三级安全管理网络？ （4）是否依据要求配置专业安全管理人员，包括安全区代表、内部审核员、事故/事件调查员、职业健康管理人员等		
执行	（1）以下人员是否经过最高管理者书面任命？ ——安全区代表； ——内部审核员； ——事故/事件调查员； ——法律法规需增加的职位及与风险评估相关的职位。		

续表

项目	审核要点	审核发现	备注
执行	（2）被任命的人员是否参加了下列相关培训并获得相应资质？ ——法律法规要求的各项资质培训； ——安全生产风险管理体系及内审员培训； ——安全生产管理培训； ——危害辨识与风险评估的培训； ——事故/事件调查与分析技术的培训； ——安全管理岗位和职责的培训。 （3）如企业配备有兼职急救员时，相关人员是否具备相应的有效资质？ （4）安全区代表的责任范围和职责是否在所负责的区域现场予以了标示？ （5）安全管理机构人员的数量与企业规模和安全管理任务是否相适应		
依从	（1）被任命的人员是否清楚理解并承诺履行职责与义务？ （2）任命的人员是否能熟练运用其接受培训的知识、专业技能，并胜任工作		
绩效	（1）安全生产委员会是否有效发挥作用？ （2）安全生产管理机构是否有效履行职责		

1.7 安全生产文件与数据的控制和管理（200分）

目的： 为安全生产风险管理体系的运行提供依据，确保其有效运行并受控。

安全生产文件与数据的控制和管理审核要点见表1-7。

表1-7 安全生产文件与数据的控制和管理审核要点

项目	审核要点	审核发现	备注
策划	（1）是否有标准对文件产生、标识、发放、培训、保存、回顾、修编、作废与外部文件管理进行规定？ （2）是否建立了安全生产过程所需的文件？包括： ——管理工作标准； ——技术支撑标准； ——作业指导书、记录格式及检查表。 （3）企业是否识别出法律法规、安全管理、安全生产、与相关方往来活动中需要建立的安全生产数据与记录		

项目	审核要点	审核发现	备注
执行	（1）企业是否建立以下安全生产管理数据与记录？ ——安全生产会议纪要； ——流程管理信息； ——缺陷分析； ——事故调查报告； ——检查数据与记录； ——纠正与预防行动记录； ——培训记录； ——其他。 （2）制定的文件、标准是否满足？ ——针对具体的风险； ——流程清晰、职责明确； ——简洁、实用，可操作性强		
依从	（1）文件及数据是否按保密相关规定分等级妥善管理，并满足相关保密控制要求？ （2）安全生产数据与记录是否易于查询，并满足完整性、准确性、及时性、可追溯性等要求？ （3）数据与记录是否按规定填写、归档、保存、处置		

续表

项目	审核要点	审核发现	备注
绩效	（1）企业所产生的文件的质量？ ——文件格式明确、合理； ——文件内容简洁、明了； ——管理流程清晰、完善； ——支撑文件清楚。 （2）是否每年对安全生产文件管理的流程、适应性、针对性、全面性、修订或废除、控制和重视产权保护等进行回顾		

1.8 流程与变化管理（150分）

目的： 实现安全生产风险管理流程优化，控制变化带来的风险，确保其有效运行并受控。

流程与变化管理审核要点见表1-8。

表1-8 流程与变化管理审核要点

项目	审核要点	审核发现	备注
策划	（1）是否有标准对工作和管理流程进行明确管理？ （2）在对工作现场开展变化管理前，是否进行了下列工作？ ——适用现场的法律法规、标准识别； ——对工作现场进行风险评估； ——对工作现场风险进行控制或缓解		
执行	（1）工作和管理是否流程化？ ——流程是否在管理文件中体现； ——复杂的工作项目是否有相应的流程图；		

项目	审核要点	审核发现	备注
执行	——流程是否闭环，满足 PDCA 闭环要求。 （2）流程与标准是否相匹配？是否与企业机构和资源配置相适应？ （3）必要时，企业是否成立专家组或问题解决小组，针对变化完成安健环风险评估、缓解、控制行动？ （4）针对所有高风险的变化，是否对应急程序、培训要求进行了更新，对相关人员是否进行了培训		
依从	（1）流程是否体现管理目的、重点、主要环节、不符合项的处置反馈？ （2）工作是否按规定的流程执行？ （3）变化是否进行记录并保存		
绩效	（1）每年是否对流程和变化管理效率进行回顾，增加、修订或废除相关流程？ （2）是否每年针对流程的执行情况和实用性进行回顾		

1.9 安全生产信息沟通（150分）

目的： 确保企业信息交换、传递快捷、有效。

安全生产信息沟通审核要点见表1-9。

表1-9 安全生产信息沟通审核要点

项目	审核要点	审核发现	备注
策划	（1）是否建立了包括沟通内容、对象、时机、方式和职责等信息的沟通标准？是否建立合理化建议制度，定期听取员工、客户、供应商和承包商的意见及建议？ （2）是否针对以下情况识别所需沟通的信息内容？ ——法律、法规； ——上级文件、管理标准和要求； ——本企业标准、制度； ——有关生产及事故/事件信息； ——风险概述； ——应急程序及设施； ——纪要、简报、简讯； ——员工或相关方对安全生产的意见和建议。 （3）是否全面识别所有需沟通的相关方		

续表

项目	审核要点	审核发现	备注
执行	（1）是否就识别的沟通内容向管理者、员工或相关方进行了沟通？ （2）是否定期收集企业内部对安全生产工作的意见和建议		
依从	（1）是否及时将企业安全生产有关信息向相关方进行沟通？ （2）是否向临时工、承包商和供应商等进入企业工作人员，提供风险告知和风险控制措施等信息		
绩效	（1）企业内、外部沟通是否有效？ ——所需沟通方辨识是否充分； ——沟通渠道和机制是否畅通； ——沟通的对象能理解，并对沟通内容做出响应。 （2）员工是否正确接受任务说明，清楚任务目标、风险及控制措施？ （3）所有员工是否熟悉合理化建议制度，掌握建议的渠道和方式		

1.10 供应商与承包商管理（200 分）

目的： 管理与供应商、承包商相关的风险。

供应商与承包商管理审核要点见表 1－10。

表 1－10 　　　　　　　　供应商与承包商管理审核要点

项目	审核要点	审核发现	备注
策划	（1）是否建立和实施了包括以下方面的供应商评价标准？ ——合法经营资质； ——按期提供产品、质量保证、售后服务和技术支持的能力； ——经验、信誉、履约情况； ——产品在企业的运行情况； ——供应商在生产过程中的安健环表现； ——价格、交货期、交付后的服务和技术支持能力。 （2）是否建立和实施了包含以下方面的承包商管理标准？ ——识别承包商可能带来的潜在风险； ——对承包商风险控制的要求；		

项目	审核要点	审核发现	备注
策划	——选择的要求； ——合同管理的要求； ——现场安健环表现与服务质量评价的要求； ——相关管理的信息要求。 （3）是否建立供应商和承包商履约（诚信）的评价标准		
执行	（1）是否根据供应商评价结果和招投标要求选择供应商？ （2）是否保存供应商评价和选择的记录？ （3）供应商、承包商是否按合同要求提供产品或服务		
依从	（1）事故/事件中发现的供应商问题是否反馈到评价、招标环节，并得到相应的处理？ （2）供应商、承包商在合同期内的安健环表现是否反馈到选择评价、招标环节，并得到相应处理，或作为将来招标的依据？ （3）是否分析和识别供应商和承包商进入企业工作将带来的风险，并加以控制		
绩效	（1）是否发生因供应商、承包商管理及其产品、服务所导致的事故/事件？ （2）是否有不符合资质要求的供应商、承包商进入企业		

1.11 安全科技（50分）

目的：通过安全科学技术的研究、应用与开发，提高对安全生产风险的控制能力。安全科技审核要点见表1-11。

表1-11　　　　　　　　　　安全科技审核要点

项目	审核要点	审核发现	备注
策划	（1）是否有管理标准，对安全科技研究、应用及其职责和内容做出规定？ （2）是否有鼓励开展安健环科技研究的措施和要求		
实施	（1）企业开展的科技项目研究是否包含了降低安健环风险的内容？ （2）实施科技项目前是否进行风险评估与分析		
依从	（1）企业开展的安全科技项目研究成果是否运用于生产中？ （2）科技成果（新产品、新技术、新工艺、新材料、新设计）应用前是否进行风险分析或评估，研究制订并实施了控制措施		
绩效	（1）是否定期对安全科技项目应用效果进行回顾？ （2）安全科技项目应用后是否有效降低企业安健环风险		

1.12　工余安健环（50分）

目的：培养工余安健环及其防护意识，促进安健环社会效应。

工余安健环审核要点见表 1–12。

表 1–12　　　　　　　　　　　工余安健环审核要点

项目	审核要点	审核发现	备注
策划	（1）企业是否开展工余安健环意识宣传，宣传的形式有哪些？ （2）工余安健环意识宣传内容是否考虑了以下方面： ——家居安全； ——交通安全； ——疾病防范； ——环境保护； ——身心保健		
执行	（1）企业是否鼓励员工报告工余安健环事故/事件？ （2）企业是否定期或不定期地组织员工开展工余安健环经验的交流、分享活动		

续表

项目	审核要点	审核发现	备注
依从	（1）企业是否收集和分享有参考价值或警示教育意义的外部事件，作为工余安健环宣传内容？ （2）员工是否都能理解和参与工余安健环活动		
绩效	（1）企业应对工余安健环工作进行回顾，回顾应考虑以下内容： ——员工的安全行为； ——员工对安全、健康、环境意识的理解； ——企业安全、健康、环境的文化氛围。 （2）员工对工余安健环工作的认同度如何？工余安健环工作的效果如何		

第 2 单元
能力要求与培训

2.1 员工选聘（100分）

目的： 确保选聘的员工与工作岗位的能力要求相适应。

员工选聘审核要点见表 2－1。

表 2－1 员工选聘审核要点

项目	审核要点	审核发现	备注
策划	（1）是否建立标准明确了人力资源需求调查与评估、配置和选聘要求？ （2）企业是否依据人力资源需求调查和评估结果，制定了生产活动所需的人力资源配置标准？ （3）企业是否编制了所有工种人员（包括临时工）的岗位说明书？ （4）岗位说明书是否与人力资源配置标准一致？并包含以下内容？ ——岗位职责与工作任务； ——任职资格/知识与技能要求； ——身体条件/职业禁忌症； ——岗位权限。 （5）是否根据人力资源配置标准和安全生产工作需要建立员工需求计划		

项目	审核要点	审核发现	备注
执行	（1）企业是否开展了生产活动所需的人力资源需求调查与评估？评估时是否考虑了以下内容： ——法律、法规和标准要求； ——电网发展规划需求； ——劳动强度与作业时间要求； ——岗位能力要求； ——组织机构和资源配置变化； ——人员变化。 （2）是否按照员工需求计划进行员工选聘？ （3）员工选聘是否根据岗位说明书进行能力和经验的评估或测试		
依从	（1）是否对未能按标准配置人员的岗位进行风险分析并加以管控？ （2）是否定期或在发生变化时，对岗位说明书和人力资源配置标准及时更新与回顾？ （3）企业是否对选聘的员工在试用期间的能力表现进行跟踪，评估其岗位匹配度？对不符合要求的员工是否采取纠正措施		
绩效	（1）是否发生由于员工选聘不当发生的事故/事件？ （2）选聘的员工与岗位需要相符合的情况如何		

2.2　能力与意识提升（450分）

目的：提升员工安全生产风险知识、风险控制意识与技能，使其胜任工作。

能力与意识提升审核要点见表2-2。

表2-2　　　　　　　　　　能力与意识提升审核要点

项目	审核要点	审核发现	备注
策划	（1）是否建立相关的管理标准，对能力需求分析、培训系统建立与应用、培训效果评估进行管理？ （2）是否系统、全面对每一岗位的能力需求情况进行调查分析，分析过程考虑以下要求： ——岗位说明书； ——法律、法规和标准要求； ——岗位履责要求； ——专业知识要求； ——岗位风险控制要求； ——日常管理知识要求。		

项目	审核要点	审核发现	备注
策划	（3）是否依据能力需求分析结果，确定每一岗位的胜任能力模型？岗位能力模型，是否体现以下要求： ——知识要求（包括专业知识、日常管理知识，以及实现途径）； ——技能要求（包括岗位风险控制技能、工作经验，基本技能，以及实现途径）； ——能力素质要求（包括安全意识与训练要求、逻辑分析、观察思考和应变能力、身心素质，以及实现途径，包含各职业发展要求等）		
执行	（1）是否依据岗位胜任能力模型及评价标准，定期对所有岗位人员的能力现状进行调查并对应分析，依据差距确定培训需求 （2）在实施培训过程是否充分考虑下列因素，以确保培训目的的实现： ——参与人员的针对性； ——培训时间的合理性； ——培训内容的充分性； ——培训方式的适宜性； ——培训师资的胜任性		
依从	（1）企业是否运用能力培训系统，结合年度培训需求，确定培训计划与方案，并组织实施？ （2）企业是否按计划实施培训？相关人员每年的培训时间是否满足规定的要求		

续表

项目	审核要点	审核发现	备注
绩效	（1）是否对培训过程及效果进行评估，评估内容是否包括以下方面的内容： ——培训组织过程的效力； ——培训实施过程的效力； ——知识、技能、意识提高和应用效果。 （2）是否通过多种途径开展培训的效果评估，效果评估是否重点关注员工的应用能力跟踪评估？ （3）是否根据能力跟踪评估结果改进培训工作？ （4）是否及时对能力需求分析、能力模型及培训计划进行回顾、更新		

第 3 单元
危害辨识与风险评估

3.1 危害辨识与风险评估总体原则（150分）

目的：应用规范、动态、系统的方法去识别及评估企业安全生产过程中的风险，优化风险控制秩序，制订风险控制策略，以实现风险的超前控制，把风险降低到可接受的程度。

危害辨识与风险评估总体原则审核要点见表3-1。

表3-1　　　　　　　　危害辨识与风险评估总体原则审核要点

项目	审核要点	审核发现	备注
策划	（1）是否建立危害辨识与风险评估管理标准？并明确以下内容： ——危害辨识与风险评估的管理、实施职责； ——危害辨识与风险评估的流程、内容与方法； ——危害辨识与风险评估的动态、闭环管理要求； ——风险控制及控制效果评价管理要求； ——制订风险概述的要求； ——风险概述的定期回顾、更新要求； ——风险概述的应用和动态管理要求。 （2）企业是否建立风险评估的实施工作计划，并明确风险评估工作任务、完成时间、责任人员		

续表

项目	审核要点	审核发现	备注
执行	（1）是否对开展风险评估的人员进行风险评估方法的培训？ （2）是否开展了危害辨识工作？ （3）是否基于危害辨识进行风险评估，确定风险种类、范畴和等级？ （4）企业是否每年及发生变化时对风险评估进行回顾和更新？ （5）风险评估的结果是否已文件化？并予以公布？ （6）是否对风险评估结果中不可接受风险制订控制措施，明确了完成的时间和责任部门/人员		
依从	（1）危害辨识与风险评估的过程是否得到了企业管理层和员工的广泛参与？ （2）员工对风险评估方法、步骤的掌握情况如何？ （3）所开展的风险评估是否均依从了技术标准的要求？ （4）对所管辖的区域内和区域外的危害是否存在未识别的现象？ （5）内部各部门选择的同类型风险的评估方法是否具备一致性、可重复性和可审核性？ （6）风险评估范围是否覆盖了企业所有的场所和生产活动过程？ （7）风险评估时是否考虑了内部和外部的变化（改组、引进新的设备、工艺、技改及外部的法律法规的变化）？ （8）重大的风险问题是否提交安全生产管理委员会决策？安委会是否明确了控制措施，并保障了相应的资源？ （9）企业在确定风险控制措施前是否对措施可能带来的新的风险进行评估？ （10）企业对风险控制措施实施的效果是否进行测量、评估		

续表

项目	审核要点	审核发现	备注
绩效	（1）企业员工是否熟悉与其岗位相关危害因素、风险及控制措施？ （2）标准规定的风险评估方法、流程是否清楚、全面、易理解、易操作？ （3）企业员工对风险评估方法是否熟悉，并能结合实际工作开展风险评估？ （4）企业风险控制的效果如何？ ——高风险问题是否呈现下降趋势； ——企业预期目标是否已经实现； ——事故、事件发生数量是否呈下降趋势； ——是否及时反馈电网设备的缺陷和隐患，不断提高设备的健康水平		

3.2　机巡装备风险评估（450分）

目的：识别机巡装备潜在的风险，并采取控制措施，避免和减少事故/事件及其损失。机巡装备风险评估审核要点见表3-2。

表3-2　　　　　　　　　　　机巡装备风险评估审核要点

项目	审核要点	审核发现	备注
策划	（1）是否建立机巡装备风险评估技术标准？并明确以下内容： ——机巡装备风险评估方法； ——机巡装备风险评估的范围与对象； ——实施机巡装备风险评估的具体步骤； ——机巡装备风险评估风险等级划分标准； ——评估过程与结果的填报表格。 （2）是否制订机巡装备风险评估计划？ （3）是否针对计划匹配了相关的资源，包括人力、物力及时间等？ （4）是否开展机巡装备危害辨识和风险评估方法的培训		

续表

项目	审核要点	审核发现	备注
执行	（1）机巡装备专业管理人员和技术人员是否参加了机巡装备的风险评估并熟悉评估方法？ （2）是否针对影响机巡装备的危害因素开展风险评估？ （3）机巡装备风险评估是否包含以下装备： ——对机巡作业有重大影响的装备； ——可能造成重大经济损失的装备。 （4）是否识别了需重点关注的机巡装备，并根据分析结果制订针对性风险控制措施？ （5）是否针对以下情况进行基于问题的机巡装备风险评估，并动态更新机巡装备风险概述？. ——机巡装备的技术改造； ——机巡装备的事故/事件； ——机巡装备作业环境的变化； ——机巡装备维护方法的变化。 （6）机巡装备风险评估结果是否作为机巡装备全生命周期管理的驱动，为设备选型、采购、安装、调试、验收、运行维护等环节的管理提供依据？ （7）评估出的机巡装备风险涉及到厂家装备质量、设计问题的，是否反馈到物资管理部门？是否在此后的采购中避免了采购有风险的机巡装备		

续表

项目	审核要点	审核发现	备注
依从	（1）是否确定机巡装备危害辨识的方法，系统分析机巡装备可能存在的故障？ （2）对评估出来的不可接受风险，是否按计划落实了控制措施		
绩效	（1）机巡装备风险评估过程是否全面？ （2）机巡装备风险评估结果是否与实际相符？ （3）是否因机巡装备风险评估不充分而导致机巡装备事故？ （4）是否保存机巡装备危害辨识与风险评估，以及风险控制等记录，并定期对其进行回顾与更新		

3.3 机巡作业风险评估（600分）

目的：识别机巡作业过程潜在的风险，制订有效的风险控制措施，避免和减少事故/事件及其损失。

机巡作业风险评估审核要点见表3-3。

表3-3 机巡作业风险评估审核要点

项目	审核要点	审核发现	备注
策划	（1）是否建立机巡作业风险评估技术标准？并明确以下内容： ——作业危害辨识与风险评估方法； ——作业风险评估的范围与对象； ——实施作业风险评估的具体步骤； ——作业风险评估风险等级划分标准； ——评估过程与结果的填报表格。 （2）是否建立了关键任务识别与分析的管理标准？并明确以下内容： ——关键任务识别与分析的职责； ——关键任务识别与分析的策划、实施、结果应用、回顾的管理要求；		

续表

项目	审核要点	审核发现	备注
策划	——关键任务识别与分析的方法。 （3）是否制订了开展机巡作业风险评估和关键任务分析的具体工作计划？ （4）是否针对计划匹配了相关的资源，包括人力、物力及时间等		
执行	（1）是否对作业危害辨识与风险评估人员进行了培训？ （2）危害辨识过程是否全面考虑了作业环境、工器具、人员行为、管理手段和作业方法等内容？ （3）作业风险评估是否覆盖所有作业任务，并充分考虑了作业的时间性及可能的紧急情况？ （4）当新的作业任务、作业方法、作业环境出现，或发生事故时，是否进行基于问题的作业风险评估？ （5）作业人员在进行作业前是否进行了作业风险分析和安全技术交底？ （6）是否对作业风险采取相应的控制措施？ （7）是否对作业风险评估结果进行回顾		
依从	（1）是否所有作业人员均参与了作业过程风险评估？ （2）作业风险评估是否覆盖了作业的全过程？ （3）作业风险评估结果是否文件化并发布？员工是否能够方便地获取作业风险评估数据？ （4）是否对所有作业任务进行了关键任务分析？ （5）是否对所有关键任务均建立了作业指导书或指导性文件		
绩效	（1）作业风险评估的过程是否全面？ （2）作业风险评估结果是否与现实情况相符？ （3）员工是否熟悉与其岗位作业相关风险的控制措施		

3.4 环境与职业健康风险评估（250分）

目的：识别及评估生产活动中影响环境和人员健康的危害因素。

环境与职业健康风险评估审核要点见表3-4。

表3-4 环境与职业健康风险评估审核要点

项目	审核要点	审核发现	备注
策划	（1）是否建立环境与职业健康风险评估技术标准？并明确以下内容： ——环境与职业健康危害因素辨识； ——环境与职业健康风险评估方法及要求； ——环境与职业健康风险评估的范围与对象； ——实施环境与职业健康评估的具体步骤； ——环境与职业健康风险评估风险等级划分标准。 （2）企业是否制订了环境与职业健康风险评估的具体工作计划，包括针对识别的环境与职业健康相关危害制订监测计划？ （3）企业是否针对计划匹配了相关的资源，包括人力、物力及时间等		
执行	（1）是否识别企业生产场所、办公场所和活动中可能危及环境和人员健康的危害因素？ （2）是否根据实际选择定性或定量的评估方法，针对识别的环境和人员健康的危害因素进行定量检测或定性风险评估？ （3）环境风险评估是否考虑了法律法规及其他要求、相关方要求、国内形势及趋势		

续表

项目	审核要点	审核发现	备注
依从	（1）环境风险评估过程是否充分考虑危害因素对下列环境带来的重要影响： ——水土； ——大气； ——气候； ——生态与物种。 （2）企业在职业健康危害辨识过程中是否考虑下列因素： ——噪声； ——温度； ——照度； ——振动； ——辐射； ——空气质量； ——人机工效； ——心理因素。 （3）环境与职业健康危害因素识别是否覆盖了企业所有场所和活动？ （4）是否在每年或变化发生时均能及时开展环境与职业健康风险评估的回顾、更新		
绩效	（1）评估结果是否与现实情况相符？ （2）员工是否在工作中建立良好的环境与职业健康工作习惯		

第 4 单元
作业环境

4.1 标识与划线（200分）

目的： 用规范的图形、符号、颜色传达安健环信息。

标识与划线审核要点见表4-1。

表4-1　　　　　　　　　　　　　标识与划线审核要点

项目	审核要点	审核发现	备注
策划	（1）是否基于风险确定标识划线的配置标准？是否建立了标识与划线的管理标准？ （2）标识与划线的管理标准是否明确了标识与划线的识别、配置、设置、检查、维护的职责权限和要求		
执行	（1）是否按要求对所有场所的标识需求进行识别？识别范围包括： ——工作环境； ——设备、设施； ——工器具、安全用具。 （2）是否针对区域的功能和类别识别划线的区域？区域包括： ——工作与非工作区；		

项目	审核要点	审核发现	备注
执行	——堆放区与非堆放区； ——停车与非停车区； ——通道与限制区。 （3）是否对识别出的场所、区域按标准进行标识与划线，并定期进行检查维护？ （4）是否有告知员工标识配置与划线的目的和含义		
依从	（1）现场标识与划线及其管理是否符合标准要求？ （2）是否按标准对变化的标识与划线进行维护或调整？ （3）进入现场的人员（员工、承包商、供应商等）是否清楚标识与划线的目的和含义		
绩效	（1）是否对标识与划线管理进行回顾？ （2）是否按变化管理要求对标识划线进行回顾、更新		

4.2 工作场所与环境（350分）

目的： 为实现工作目标，提供一个安全、健康、有序的工作环境。

工作场所与环境审核要点见表4-2。

表4-2　　　　　　　　　　　　　工作场所与环境审核要点

项目	审核要点	审核发现	备注
策划	（1）是否识别工作场所里不同类别的风险，如空气质量、照明与能见度、建筑物与构筑物等的风险？ （2）是否根据识别的风险建立了管控要求？标准是否明确管理对象、职责和要求？管控要求与实际风险是否匹配？ （3）管控范围是否包含以下区域： ——生产、生活区域； ——办公区域。 （4）管控要求是否关注以下情况： ——正常情况； ——异常情况； ——紧急情况。		

项目	审核要点	审核发现	备注
策划	（5）工作场所与环境管理标准是否基于管控的需要考虑了以下要求： ——识别要求； ——设备设施与人员配置要求； ——注册管理； ——使用要求； ——检查要求； ——维护要求； ——异常、紧急情况报告及应变处理； ——过程管控与回顾要求		
执行	（1）是否基于特殊需求（新建场所、新装修场所等）识别职业危害因素检测需求？是否根据风险情况识别监测需求？是否根据识别结果开展相应工作？ （2）是否根据风险评估或监测结果，制订相应管控措施并执行？可关注通风设备设施、照明设备设施、个人防护用品的匹配和建筑物与构筑物维护保养？效果是否良好？ （3）基于风险评估结果配置设备设施时是否考虑以下内容： ——功能要求； ——配置地点； ——配置数量； ——人员防护要求；		

续表

项目	审核要点	审核发现	备注
执行	——环保要求； ——可利用的外部资源。 （4）基于工作场所与环境风险、法律法规要求进行培训，是否有相关记录		
依从	（1）是否按标准要求对通风、照明等设备设施，建筑物与构筑物，内务系统等进行检查与维护？ （2）检查内容应重点关注： ——物品管理定置化（基于实际情况需要定置的物品）； ——功能划分清晰； ——整洁无杂物； ——标识清晰； ——设备设施完好适用； ——管理要求的依从。 （3）对工作场所与环境检查发现的问题是否制订改进措施？并得到有效处理		
绩效	（1）是否对工作场所与环境管理进行回顾，回顾内容主要包括：管理要求的充分性、适宜性，执行的有效性及管理绩效？ （2）对工作场所与环境的回顾是否为管理提供方向指引		

4.3 消防管理（150分）

目的： 识别火灾源、管理并控制火灾风险。

消防管理审核要点见表4-3。

表4-3 消防管理审核要点

项目	审核要点	审核发现	备注
策划	（1）是否建立了消防管理标准？标准是否规定了火灾风险识别及消防管理与职责的要求？是否包括： ——火灾危险点的识别与标识要求； ——消防器材的配置要求； ——消防器材的检查要求； ——消防器材的维护要求； ——消防设施、设备的安全要求。 （2）是否制订了消防器材检查表？ （3）是否建立了消防安全教育培训计划？计划是否考虑了： ——事故演练； ——灭火方法；		

项目	审核要点	审核发现	备注
策划	——防护知识； ——应急处理常识； ——可利用的外部资源		
执行	（1）是否对火灾风险进行了评估？风险评估是否包括了火灾源、火灾类型、灭火资源、影响范围、应急要求等内容？ （2）对火灾危险点的识别是否全面、充分？ （3）是否按火灾风险评估结果配置合适的消防设备、设施？ （4）配置消防设备、设施时是否考虑以下内容？ ——功能要求； ——配置地点； ——配置数量； ——人员防护要求； ——环保要求； ——可利用的外部资源。 （5）是否建立消防设施、设备的台账清册，并及时更新？ （6）是否识别了重点防火区域，并予以划线或标识，明确了责任部门和责任人？ （7）是否在办公楼、生产场所等区域张贴消防平面布置图和火灾逃生线路图？图与现场情况是否相符？ （8）是否对消防设施、设备进行标识？ （9）是否与当地消防部门等相关方保持联系？是否在需要时请他们进行消防安全检查？		

续表

项目	审核要点	审核发现	备注
执行	（10）现场消防器材定期检验的标识是否正确、完整？ （11）易燃、易爆和化学危险品场所及物品保管是否符合消防规定？ （12）是否所有紧急通道都畅通？是否所有紧急出口没有上锁，或提供了适当的方法能在紧急情况下打开，并达到下述要求： ——开门方向与逃生方向一致； ——不要直接与台阶相接； ——不应是旋转门； ——防护来自地下室及相邻建筑的火源； ——有足够的宽度和使人散开的空间。 （13）在新建及扩建项目设计时，是否考虑火灾的蔓延风险及其控制措施？ （14）是否基于风险评估的结果，制订消防安全教育培训计划并实施		
依从	（1）是否对消防设施、设备进行定期检查，对检查中发现的问题是否及时处理？ （2）对需要实时监测的区域是否进行了识别和调查，并重点监测和防范？ （3）所有的消防设备、设施是否处于完好可用状态？火灾报警系统是否均处于工作状态		
绩效	（1）是否对消防管理工作、检查表格、检查标准等进行了回顾？ （2）员工是否熟悉灭火方法、防护知识和应急处理常识？ （3）企业是否存在由于消防安全管理不到位引发的火灾事件/事故		

4.4　安保管理（50 分）

目的：进行出入控制，确保进入作业场所的人员、车辆和物品受控。

安保管理审核要点见表 4-4。

表 4-4　　　　　　　　　　　　　　安保管理审核要点

项目	审核要点	审核发现	备注
策划	（1）是否建立安保管理标准，内容是否包括： ——保卫区域划分要求； ——出入控制； ——安保设备管理要求； ——巡查要求； ——异常、紧急情况登记、报告及应变处理。 （2）是否制定安保人员的工作标准		
执行	（1）是否根据实际并结合政府相关部门的要求，确定安保的重点部门与区域？ （2）管理范围和区域是否明确，人员设置、装备配置、经费等资源是否满足要求？ （3）是否保持人员、车辆和物品出入记录？		

项目	审核要点	审核发现	备注
执行	（4）是否在内部所管辖工作区域、生活区域出入口设置门岗，实行 24 小时值班制度，并保持记录		
依从	（1）是否对出入控制和巡查工作情况组织检查？ （2）安保人员是否对高风险事件及人为错误事件进行书面记录？ （3）安保人员是否及时汇报紧急情况？ （4）是否对安保人员进行培训？内容是否包括国家有关法律法规、企业内部管理制度、有关电力安全规程和危害辨识及风险控制的有关知识等，是否有相关记录		
绩效	（1）是否对管理标准/工作标准，记录进行回顾？ （2）是否考虑从以下方面对安保的管理与控制的有效性进行评价和了解？ ——人员设置、装备配置、经费等资源满足要求情况； ——保安人员熟悉和履行工作标准情况； ——部门、岗位与职责的适应情况； ——各种记录； ——相关的法律法规要求； ——保安人员培训。 （3）是否定期对出入控制和巡查工作情况的检查情况进行回顾？发现的问题是否纳入纠正与预防系统？ （4）是否存在由于安保管理失效或不作为而发生的事件/事故		

第 5 单元
机巡作业工具

5.1 个人防护用品与安全工器具（180分）

目的：保障个人防护用品与安全工器具的安全、经济、适用。

个人防护用品与安全工器具审核要点见表5-1。

表5-1　　　　　　　　　　个人防护用品与安全工器具审核要点

项目	审核要点	审核发现	备注
策划	（1）是否建立个人防护用品与安全工器具的管理标准？ （2）是否依据危害的类别和风险评估结果，建立个人防护用品与安全工器具的配置标准？ （3）标准是否对个人防护用品与安全工器具的需求识别、购置、发放、培训、注册、使用、存放、检验与维护、检查、报废有明确的规定		
执行	（1）是否对个人防护用品与安全工器具的需求进行识别、评估？ （2）需求识别时是否考虑了员工、承包商、参观者等防护对象？ （3）在进行需求识别时下列人员是否参与： ——专业人员； ——急救人员； ——员工。		

项目	审核要点	审核发现	备注
执行	（4）个人防护用品与安全工器具选取及配置标准应考虑： ——适用性； ——经济性； ——先进性。 （5）是否依据需求识别的结果及配置现状，编制个人防护用品与安全工器具的购置计划，并按计划购置？ （6）是否就个人防护用品与安全工器具的检查、使用、维护保养知识及要求对员工进行培训？ （7）是否建立个人防护用品与安全工器具清册？是否在个人防护用品与安全工器具的信息发生变化时及时更新清册？ （8）员工使用个人防护用品与安全工器具前是否执行检查，并正确使用		
依从	（1）个人防护用品与安全工器具的存放是否满足相关的要求？ ——对个人防护用品与安全工器具的存放是否实施定置与标识管理？ ——对个人防护用品与安全工器具是否妥善保管？ ——存放环境是否满足温度、湿度等要求？ ——合格与不合格的个人防护用品与安全工器具是否分开存放，并进行必要的标识？ （2）是否按要求对个人防护用品与安全工器具进行定期检查与检验？ （3）经检验的个人防护用品与安全工器具是否正确张贴标识，标明试验日期、有效期、加盖试验专用章，并保存相应记录		
绩效	（1）是否定期或在作业过程及其他条件发生变化时，对个人防护用品与安全工器具的管理标准和需求识别进行回顾和修订？ （2）所有的个人防护用品与安全工器具都处于完好状态并定置存放		

5.2 机巡工器具（280分）

目的：规范机巡作业用工器具及用电设备的管理，确保其处于安全状态，降低风险。

机巡工器具审核要点见表 5-2。

表 5-2 机巡工器具审核要点

项目	审核要点	审核发现	备注
策划	（1）是否建立机巡作业用工器具、用电设备的管理标准？ （2）标准是否明确机巡作业用工器具、用电设备的需求识别、采购、验收、注册、使用、检验检测、检查、维修的要求		
执行	（1）是否编制机巡作业用工器具、用电设备清册或台账，台账是否明确机巡器具等的检查、检验与维护的周期和内容，并及时更新？ （2）是否对机巡工器具、用电设备的使用、检查、维护、维修等进行培训，确保其具备相应的技术水平，必要时取得资质？ （3）是否识别机巡工器具、用电设备存放条件的要求，并按要求存放？ ——对机巡工器具、用电设备的存放是否实施定置与标识管理？ ——完好与有缺陷的机巡工器具、用电设备是否分开存放，并进行标识？ （4）是否根据规程规定、风险大小等识别了需建立操作程序的用电设备？操作程序中是否明确正确的操作步骤、风险控制措施和应急措施		

续表

项目	审核要点	审核发现	备注
依从	（1）是否按要求对机巡工器具进行定期检查？ （2）是否对用电设备按标准进行绝缘、接地和漏电保护等检测与检查？ （3）经检验的机巡工器具、用电设备是否正确张贴标识，标明试验日期、有效期、加盖试验专用章，并保存相应记录？ （4）机巡工器具、用电设备的使用、检查和维护人员是否掌握相应方法和安全要求		
绩效	（1）机巡工器具和用电设备使用、检验、检查、维护、存放过程是否符合标准、规程要求？ （2）使用、检验、检查、维护、存放机巡工器具和用电设备的人员是否熟悉相应方法和安全要求？ （3）是否所有的机巡工器具、用电设备都处于完好状态，并满足存放的要求？ （4）是否有因使用、检验、检查、维护、保存不当而发生的事件/事故		

5.3　测试设备（160 分）

目的： 对测试设备进行规范管理，确保其有效性和准确性。

测试设备审核要点见表 5-3。

表 5-3　　　　　　　　　　　　　测试设备审核要点

项目	审核要点	审核发现	备注
策划	（1）是否建立测试设备的管理标准？ （2）标准是否明确测试设备的管理、使用与维护、检测、校验、检查的要求		
执行	（1）是否编制测试设备清册或台账，台账是否明确设备的检查、检测、检验与维护的周期和内容，并及时更新？ （2）是否根据规程及测试设备的要求建立操作程序，操作程序中是否明确正确操作步骤、风险控制措施和应急措施？ （3）是否对测试设备的使用、检查、维护和操作人员进行培训，并特别关注新型测试设备的培训？ （4）是否对测试设备按期开展检查、维护、保养工作？ （5）是否对测试设备进行了正确的标识		

项目	审核要点	审核发现	备注
依从	（1）是否按要求编制自校、自检作业指导书或指导文件，并定期进行校检？ （2）是否按测试设备清册要求制订相应测试设备送检计划，并按时送检？ （3）所有操作人员是否经过培训并具备相应的技术技能水平，必要时取得相应资质？ （4）测试设备是否按标识状态的不同而分区存放？存放环境是否满足要求？ （5）是否按照规定的频率和内容对测试设备进行检查		
绩效	（1）测试设备的资料（产品合格证书、使用维护文件、检验与检查记录、维修记录、规定要求的使用记录、缺陷及故障记录等）是否完整齐全？ （2）是否使用未经校验、校验不合格或过期未校验的测试设备？ （3）是否存在由于测试设备漏检、人员资质过期等而发生的事件/事故		

5.4 机动车辆（200 分）

目的：确保车辆状况良好和交通安全。

机动车辆审核要点见表 5–4。

表 5–4 机动车辆审核要点

项目	审核要点	审核发现	备注
策划	（1）是否建立交通安全和车辆管理标准？ （2）是否明确对车辆驾驶人员的准驾管理和对车辆的使用管理？ （3）是否建立车辆清册与台账？是否明确车辆的检查、检测、维护与保养的周期和内容？是否及时更新		
执行	（1）是否按要求对派车、用车、行车、停放等进行管理？ （2）是否对车辆驾驶人员实施准驾登记管理，是否及时更新？ （3）是否编制准驾人员安全教育学习计划，并实施		

续表

项目	审核要点	审核发现	备注
依从	（1）所有机动车辆是否按规定定期进行检测、审验工作？ （2）是否按时、按机动车辆安全技术标准要求对车辆进行维护与保养？ （3）是否按标准对机动车辆进行例行检查		
绩效	（1）准驾人员是否全部持证上岗？ （2）是否实施了管理要求依从性检查		

第 6 单元
机巡作业管理

6.1 有人机作业管理（700分）

目的：对有人机巡视作业的风险实行全过程控制，确保有人机作业安全。

有人机作业管理审核要点见表6-1。

表6-1 有人机作业管理审核要点

项目	审核要点	审核发现	备注
策划	（1）是否建立有人机作业过程控制的管理标准，明确以下管理要求： ——作业书面文件与资源准备要求； ——飞行空域管理许可要求； ——作业过程风险控制要求； ——作业过程记录、检查等记录要求。 （2）作业指导书或作业指导文件的内容是否涵盖了作业名称、基本信息、作业前准备、作业风险、作业过程、作业终结等方面的要求？ （3）是否建立任务观察管理标准，明确以下管理要求： ——任务观察的职责与内容； ——任务观察的类别及现场执行要求；		

续表

项目	审核要点	审核发现	备注
策划	——任务观察结果的统计分析与应用要求。 （4）是否制订了作业任务观察计划？ （5）是否编制了年度、月度机巡作业计划，作业计划编制时是否结合了以下要求： ——满足网公司、省公司下达的机巡作业任务； ——满足保供电、应急飞行需求； ——考虑电网风险和设备风险评估的结果； ——考虑年度内各季节的可安排作业时间		
执行	（1）作业前是否根据作业任务及其风险，准备下列书面作业文件： ——被巡视电网设备当时所处风险级别； ——作业指导书或作业指导文件； ——军民航空域管理部门的飞行任务批件； ——被巡线路杆塔坐标、杆塔明细表以及交叉跨越等影响飞行安全的因素； ——现场作业记录表； ——登机安全确认表和安全技术交底记录。 （2）是否针对作业匹配了以下资源： ——人力资源； ——有人机（电台证、国籍证、适航证）； ——任务吊舱（适航证）； ——工器具和个人防护用品。		

项目	审核要点	审核发现	备注
执行	（3）是否对作业相关人员（有人机驾驶员、航管员、机务员、油车司机、巡检员）进行安全培训和考核，查验相关执业资格证书？ （4）是否执行了作业前的风险分析和作业许可？ （5）是否按照作业的要求实施现场安全技术措施、个人安全防护措施？ （6）是否及时把紧急缺陷或紧急隐患反馈给设备管理部门		
依从	（1）作业文件中的风险控制措施是否与现场相适应？ （2）作业的安全措施、个人安全防护是否按照规范的要求进行？ （3）是否按照规定履行了空域使用许可制度？许可手续是否完善、正确？记录是否完整齐全？ （4）作业过程是否依照作业指导书或作业指导文件规定的步骤、技术标准进行		
绩效	（1）员工是否掌握作业指导书或作业指导文件规定的方法、程序、步骤和技术标准？ （2）作业人员是否熟悉、理解作业任务的现场风险和控制要求，以及事故、异常处理程序和应急要求？ （3）有人机线路巡视作业数据能否真实反映设备运行状况，能否满足缺陷定级管理要求		

6.2 无人机与智能装备作业管理（700分）

目的：对无人机、智能装备作业的风险实行全过程控制，确保作业安全。

无人机与智能装备作业管理审核要点见表6-2。

表6-2　　　　　　　　　　无人机与智能装备作业管理审核

项目	审核要点	审核发现	备注
策划	（1）是否建立无人机、智能装备作业的管理标准，明确以下管理要求： ——作业书面文件与资源准备要求； ——许可与执行的资质要求； ——作业过程风险控制要求； ——作业过程记录、检查等记录要求。 （2）是否根据关键任务分析与风险评估的结果，建立了无人机与智能装备作业指导书或作业指导文件？ （3）是否将危险物品的安全数据信息融入无人机与智能装备作业文件中？ （4）无人机与智能装备作业指导书或作业指导文件的内容是否涵盖了作业名称、基本信息、作业前准备、作业风险、作业过程、作业终结等方面的要求？ （5）是否建立作业任务观察的管理标准？		

续表

项目	审核要点	审核发现	备注
策划	（6）是否编制了无人机与智能装备年度、月度巡视作业计划，作业计划编制时是否结合了以下要求： ——满足网公司、省公司下达的机巡作业任务； ——满足保供电、应急飞行需求； ——考虑电网风险和设备风险评估的结果； ——考虑年度内各季节的可安排作业时间。 （7）是否明确了无人机与智能装备使用过程检查要求？ （8）是否明确了无人机与智能装备作业后数据移交要求？ （9）是否明确了无人机与智能装备巡视发现的电网设备缺陷报送要求		
执行	（1）作业文件中的风险控制措施是否与现场相适应？ （2）是否对作业过程现场进行定期安全检查，并关注了以下内容： ——被巡视电网设备当时所处风险级别； ——作业指导书或作业指导文件、技术标准的依从性； ——作业人员行为； ——作业环境与安全标识； ——作业现场安全措施布置； ——安全工器具、生产工器具及个人防护用品的使用情况； ——危险物品的使用情况。 （3）是否及时把紧急缺陷或紧急隐患反馈给设备管理部门		

项目	审核要点	审核发现	备注
依从	（1）作业的安全措施、个人安全防护、安全标识是否按照规范的要求执行？ （2）作业过程是否依照作业指导书或作业指导文件、技术标准进行？ （3）无人机与智能装备巡视移交的数据是否满足标准要求		
绩效	（1）作业指导书或作业指导文件、表单是否与实际作业情况相符合？ （2）任务观察的分析结果是否得到有效应用？ （3）是否分析作业过程的风险，并制订有效措施进行控制？ （4）是否将年、月、周机巡作业计划的执行统计情况作为下一年度机巡作业计划的编制依据		

6.3　机巡数据分析管理（670 分）

目的： 对机巡作业的数据分析实行全过程管控，确保数据分析工作有序、规范开展，保证数据分析结果的及时、有效、准确。

机巡数据分析管理审核要点见表 6-3。

表 6-3　　　　　　　　　　　　机巡数据分析管理审核要点

项目	审核要点	审核发现	备注
策划	（1）是否建立机巡作业数据分析的管理标准，明确以下管理要求： ——机巡作业数据的收集原则与要求； ——数据处理与分析要求； ——机巡报告编制、审核、发布等要求； ——数据归档要求； ——数据完整性检查等记录要求。 （2）是否建立了数据分析业务指导书？ （3）是否制定机巡作业中心数据质量控制标准？		

项目	审核要点	审核发现	备注
策划	（4）是否编制了机巡数据分析年度、月度工作计划，工作计划编制时是否结合了以下要求： ——满足网公司、省公司下达的机巡作业任务； ——满足保供电、应急飞行需求； ——考虑年度内各季节的可安排作业时间		
执行	（1）数据分析前是否根据作业任务及其风险准备下列书面作业文件： ——过程记录； ——作业所需的电网设备缺陷标准库、定级标准等资料。 （2）是否针对数据分析工作匹配了以下资源： ——人力资源； ——数据分析设备； ——数据存储设备。 （3）是否对数据分析相关人员进行培训？ （4）是否按要求编制机巡发现的缺陷和隐患报告，并及时反馈给设备管理部门？ （5）是否按要求编制机巡数据分析周报、月报、季报、年报		

项目	审核要点	审核发现	备注
依从	（1）是否对数据分析过程出现的问题进行根本原因分析，并实施改进？ （2）是否定期对数据分析的管理和执行过程进行检查、回顾，并提出改进措施？ （3）是否统计年、月、周机巡数据分析计划的执行情况，以及变更计划的原因		
绩效	（1）员工是否掌握规定的数据分析方法和技术标准？ （2）巡视发现的缺陷和隐患是否及时报送给地市局？ （3）是否将年、月、周机巡数据分析计划的执行统计情况作为下一年度数据分析计划的编制依据		

6.4 机巡装备管理（300分）

目的：对机巡航空器及其搭载使用的巡视传感器等装备进行全过程管理，确保其安全性和功能的有效性。

机巡装备管理审核要点见表6-4。

表6-4 机巡装备管理审核要点

项目	审核要点	审核发现	备注
策划	（1）是否建立了机巡装备资料台账管理、检修维护、定期检测相关的管理标准，并明确对应的管理要求？ （2）是否为机巡装备资料台账、检修维护、定期检测建立了对应的技术支撑标准？ （3）是否根据标准编制年度、月度的机巡装备检修维护、定期检测工作计划？工作计划是否关注了： ——技术标准要求； ——风险控制措施要求； ——机巡装备风险评估结果； ——定期检测结果；		

续表

项目	审核要点	审核发现	备注
策划	——环境保护与职业健康要求； ——计划的可行性。 （4）是否为机巡装备检修维护工作提供资源保障？ （5）是否建立基于机巡装备风险，开展计划性的检查与维护管理标准？并明确以下要求： ——日常、定期检查与维护周期、对象、项目和标准； ——特殊检查要求； ——异常情况的报告要求； ——检查与维护记录要求； ——应急处置要求。 （6）是否针对管辖的机巡装备建立检查记录表格？ （7）是否建立机巡装备维护的技术标准		
执行	（1）是否按照管理标准对机巡装备的技术档案和图纸资料、机巡装备使用技术数据进行收集、登记、更新管理？ （2）是否按照年度、月度计划有序进行机巡装备的检修维护、定期检测？ （3）检修维护、定期检测是否进行了作业前的风险分析，并执行或关注了以下要求： ——作业安全技术交底和许可、审批； ——作业过程控制风险的安全、技术和管理措施的落实； ——工作环境的安健环要求； ——作业的安全、质量和进度控制要求； ——验收要求；		

项目	审核要点	审核发现	备注
执行	——问题处理情况与遗留问题的评审与记录。 （4）是否执行了机巡装备检修维护的试验、验收与评价？ （5）是否对修理与技术改造计划完成情况和效果进行评价？ （6）是否对定期检测的完成情况和效果进行评价和统计分析？ （7）是否开展机巡装备的日常、定期、特殊检测与维护工作？ （8）对检测、维护中发现的问题是否及时进行记录和报告？突发事件是否及时进行处理和报告		
依从	（1）机巡装备资料台账的更新时间与权限、记录的全面性和准确性是否符合标准规定？ （2）机巡装备检修维护、定期检测工作是否按计划完成？ （3）机巡装备检修维护、定期检测的实施、验收和评价是否按照标准规定进行？ （4）机巡装备检修维护、定期检测的工作方案是否按照规定的流程履行了审核、会签、批准的程序？ （5）机巡装备检修维护、定期检测作业前的风险分析、资源准备是否与工作实相符合？ （6）机巡装备检测与维护是否符合规定周期、流程、内容和标准要求？ （7）所有操作机巡装备的人员是否具备相应资格能力？ （8）企业在实施机巡装备检测与维护工作中是否关注： ——执行人员的经验与能力； ——资源的匹配； ——检测与维护的质量； ——数据的分析		

续表

项目	审核要点	审核发现	备注
绩效	（1）机巡装备的技术档案和图纸资料、使用技术数据是否齐全、完整并与实际相符合？ （2）是否存在由于机巡装备资料图纸错误而引发的事故/事件？ （3）机巡装备检修维护、定期检测年度、月度计划完成率是否满足要求？ （4）是否发生由于检测或维护不到位而引发的事故/事件		

6.5 物资与仓储管理（200分）

目的：控制采购物品、采购过程、物品储存、废料管理的安健环风险。

物资与仓储管理审核要点见表6-5。

表6-5 物资与仓储管理审核要点

项目	审核要点	审核发现	备注
策划	是否建立物资采购、仓储、废料管理标准？明确了以下要求： ——物资采购、仓储、废料管理的责任部门、人员及职责； ——供应商制造过程风险控制； ——物资采购、仓储的风险评估要求； ——采购过程管理与争端处理； ——物资运输过程风险控制； ——验收入库管理； ——物资堆放与储存； ——标识； ——物资发放； ——供应商履约能力要求；		

续表

项目	审核要点	审核发现	备注
策划	——产品质量跟踪与反馈要求； ——物资的配送； ——废料的管理		
执行	（1）物资验收、拒收和入库记录是否齐全、完整？ （2）物资存放或搬运是否符合人机工效？ （3）物资存放是否与仓库标识对应？物资与记录是否相符？物资的堆放是否符合安健环要求？ （4）仓储地点的防火、防潮、防变形、防腐蚀、防渗漏等措施是否完善？ （5）仓储区域巡查记录是否齐全，发现问题是否得到及时处理？ （6）物资发放、领取、出库及运送的记录是否齐全、完整？ （7）产品质量跟踪的内容是否包括了： ——现场的适用度； ——产品故障、损坏情况； ——实际监测指标与设计值的符合程度； ——问题产品的型号及生产厂家。 （8）产品质量跟踪情况记录是否齐全，是否作为采购的依据？ （9）产品质量缺陷报告是否经生产厂家确认，并适当保存		
依从	（1）物资入库前的检验、验收、记录等是否符合标准规定？ （2）剩余物品与废料的处理是否符合标准规定		

续表

项目	审核要点	审核发现	备注
绩效	（1）采购的批准、合同、供应商资质证明等记录、资料是否齐全、完整？ （2）是否出现不合格物品入库或者发放？ （3）是否因物品搬运、堆放、运送过程风险控制不当而导致事故/事件（包括人身伤害、职业疾病、物品损坏、环境污染）发生		

第 7 单元
职业健康

7.1 职业健康管理（350分）

目的：为职业健康管理工作提供必要资源，控制与职业健康相关危害与风险。

职业健康管理审核要点见表 7-1。

表 7-1　　　　　　　　　　　　　　职业健康管理审核要点

项目	审核要点	审核发现	备注
策划	（1）是否制定了职业健康管理标准？至少包括职业健康组织管理、职业卫生监测与控制、职业健康服务与医疗、急救设施及药品控制等方面的内容？ （2）是否制订并实施了职业健康知识宣传、教育及培训计划，主要内容是否包括以下内容： ——心理健康知识； ——职业病防治知识； ——流行病、传染病防治知识； ——其他相关疾病、身体亚健康保健知识		

项目	审核要点	审核发现	备注
执行	（1）企业是否对职业健康管理人员进行了职业健康专业知识培训，是否对员工进行了与本岗位有关的职业健康防护知识培训？ （2）是否基于环境与职业健康危害辨识结果，对辨识出的危害因素制订检测计划？计划应明确： ——监测对象（识别的职业健康危害因素，如空气质量、噪声、照明度、粉尘等）； ——监测时间、地点； ——监测方法。 （3）企业是否根据风险评估的结果配置急救设施和药品？ （4）企业应配置并管理急救设施和药品，并满足下列要求： ——急救设施与急救用品的配置应满足现场风险控制要求； ——所有急救箱中备有急救处理登记清册，并定期对其进行检查； ——药品符合药品卫生管理条例要求，或经专职医生批准； ——定期检查急救箱并补充急救用品； ——过期药品应及时处理； ——张贴标示急救设施位置与急救员名单； ——定期维护急救设施。 （5）急救员是否接受职业健康与急救知识培训，并持有急救合格证		

项目	审核要点	审核发现	备注
依从	（1）职业卫生监测计划的监测对象、监测时间、监测地点与方法是否符合法定的要求？ （2）是否依据职业卫生监测结果，确定控制措施，并组织落实？ （3）是否对监测设备进行定期校验，确保监测数据准确性？ （4）职业卫生监测报告是否向受影响的员工、供应商及承包商进行沟通、公布？ （5）为员工提供特殊体检的医疗机构是否具有法定的资质		
绩效	（1）是否发生过职业性疾病事故/事件？ （2）企业（或委托专业机构）是否对体检结果进行统计分析，确定员工健康状况的变化趋势，提出相应的控制措施或改进建议		

7.2　人机工效（100分）

目的：优化人机及工作环境之间的界面，提高工作效率，保障人员安全与健康。

人机工效审核要点见表7-2。

表7-2　　　　　　　　　　　　　　人机工效审核要点

项目	审核要点	审核发现	备注
策划	（1）是否建立人机工效的管理标准？ （2）标准是否明确人机工效调查与评估、人机工效优化的职责和要求？ （3）企业是否建立人机功效调查与评估的计划及实施方案，方案是否明确如下内容： ——调查与评估时间； ——调查与评估范围； ——调查与评估工具、方法； ——调查与评估人员		
执行	（1）是否开展了人机工效调查与评估？ （2）人机工效调查与评估是否考虑作业的方式与方法、工器具使用方法、便于操作的作业环境条件、劳动组织、对话界面、消除疲劳影响等要求？		

项目	审核要点	审核发现	备注
执行	（3）是否根据人机工效调查与评估的结果，制订控制措施并实施？控制措施是否关注以下人机工效的要求： ——工器具与控制装置的设计界面友好； ——人员的配置； ——工作时间安排合理； ——搬运方式（劳动姿势）与工具匹配； ——作业环境舒适度设计（色彩、光线、空间、整洁度等）； ——身心健康的影响		
依从	（1）是否就人机工效的目的和作用对员工进行培训？ （2）设计与采购过程中是否充分考虑了人机工效的要求		
绩效	（1）是否对人机工效风险控制措施的落实和有效性进行回顾？ （2）是否有人机工效危害因素导致的事件/事故发生		

第 8 单元
应急与事故/事件管理

8.1 应急管理（435分）

目的：确认潜在的事件或紧急情况，以预防或减少与之相关的损失和影响。

应急管理审核要点见表 8-1。

表 8-1 应急管理审核要点

项目	审核要点	审核发现	备注
策划	（1）是否制定应急管理与响应的管理标准？并至少规定以下内容： ——突发事件的识别； ——应急组织体系的建立； ——应急预案的编写； ——应急物资的保障； ——应急的培训与演练； ——应急的响应（预警与处置）； ——应急的回顾与评价； ——相互支援的识别与协调。		

续表

项目	审核要点	审核发现	备注
策划	（2）是否根据风险评估结果，针对企业不可控危害因素，对下列可能发生且需要应急管理的突发事件进行了识别？ 识别本单位/部门应急需求： ——人身伤亡； ——装备损坏； ——火灾； ——群体事件； ——公共卫生事件。 识别外部应急需求： ——大面积停电； ——自然灾害； ——突发新闻媒体事件。 （3）是否建立了完善的应急组织机构，组建应急队伍，并明确了各级应急负责部门/人员的职责		
执行	（1）是否对员工进行应急预案、应急响应等要求的培训？ （2）是否对应急物资、装备的存放、检查、维护等进行规范管理？ （3）是否按照计划及应急预案规定开展应急演练？ （4）是否每年对应急演练和预案进行回顾和评价，必要时进行更新		

项目	审核要点	审核发现	备注
依从	（1）是否按照应急预案规定的类别、数量配置应急物资和适合于现场应急响应的个人防护装备？ （2）是否针对实际发生事故/事件的应急处置情况，对应急准备、组织、响应及应急预案进行回顾？及时处理发现的问题，完善应急管理工作要求		
绩效	（1）认定的突发事故/事件是否全面、合理，并与企业的风险相对应？ （2）指定的应急机构及负责人员是否胜任？ （3）应急装备、设施是否有效？ ——针对相关的风险配置装备、设施； ——匹配的类型合理、数量充分； ——配置的装备、设施能有效工作； ——配置的装备、设施得到有效充分的维护		

8.2 事故/事件管理（435分）

目的：确保安全生产事故/事件及时报告、调查、统计分析，确定发展趋势，防止其重复发生。

安全事故/事件审核要点见表8-2。

表8-2   安全事故/事件审核要点

项目	审核要点	审核发现	备注
策划	（1）是否建立安全生产事故/事件管理标准？并至少明确规定了以下内容： ——事故/事件定义、类别、等级划分； ——事故/事件报告方式、时间、内容与对象等要求； ——事故/事件调查要求； ——事故/事件统计分析要求； ——事故/事件信息沟通要求； ——事故/事件回顾要求。 （2）是否编制了事故/事件管理的培训计划？ （3）是否为事故/事件调查提供了的资源保障		

项目	审核要点	审核发现	备注
执行	（1）是否开展了培训工作？ ——对员工进行事故/事件报告、信息传达的培训； ——对事故/事件调查员、统计分析管理人员进行事故/事件调查、统计分析知识、工作要求的培训。 （2）是否书面任命了事故/事件调查员？ （3）对需要报告的事故/事件是否都得到报告，并使用规定格式进行完整登记		
依从	（1）所发生的事故/事件是否都按规定得到报告？ （2）员工是否清楚管辖范围内事故/事件的报告程序和渠道？ （3）是否对所有事故/事件按规定进行了调查？并依从以下要求： ——查明事故经过及后果； ——查明事故直接原因、根本原因； ——查明安健环管理暴露的问题； ——分析事故再次发生的可能性，提出补救和防范措施建议； ——制订防范措施，明确计划完成时间，明确防范措施的负责部门、负责人。 （4）事故调查组的成员组成是否合法、合理？事故/事件涉及人员是否在事故/事件调查报告表/书上签署确认？ （5）是否通过安全生产委员会会议、安全生产工作会议、安全生产专题会议中回顾事故/事件，并提出防范和改进措施		

项目	审核要点	审核发现	备注
绩效	（1）事故/事件报告的有效性？ ——及时； ——报告对象准确、全面； ——内容齐全。 （2）事故/事件登记是否清楚、完整？ （3）事故/事件统计分析是否准确全面？包括： ——统计项目是否齐全； ——统计范围是否全面； ——数据是否准确、真实、完整； ——统计方法是否合理。 （4）事故/事件的防范措施是否得到及时的落实		

第 9 单元
安全管理体系检查、审核与改进

9.1 检查（300分）

目的：识别可能导致机巡作业风险、社会责任风险、环境与职业健康风险的行为与条件，控制与之相关的风险。

检查审核要点见表9-1。

表9-1   检 查 审 核 要 点

项目	审核要点	审核发现	备注
策划	（1）是否制定了包含以下要求的管理标准： ——检查的类别、范围、内容、标准、周期、流程、人员要求、发现问题的纠正预防。 （2）是否编制了检查工作计划		
执行	（1）是否按照制订的检查方案或计划，应用检查表对重大风险问题开展安全检查？ （2）针对特殊时期或特定要求，企业是否制订检查方案或计划，编制检查表，分层分级组织开展安全检查？检查时是否关注： ——现有的管理行为、管理标准（制度）流程、步骤、要求的合理性、完整性、系统性； ——以前问题控制措施的落实情况检查。		

项目	审核要点	审核发现	备注
执行	（3）是否按规定对涉及人身安全的下列生产用具，进行了例行和使用前的检查？ ——安全工器具和生产工器具； ——个人防护用品； ——电动工具； ——测试设备； ——平台； ——机动车辆。 （4）安全区代表每月是否依据本区域的体系运行情况和风险情况，确定检查的关注重点，编制检查表并实施检查？是否对重大的不安全因素和行为立即采取纠正行动，提出有意义的建议/意见？ （5）是否对法律、法规的依从性进行检查？检查时应关注： ——企业的管理标准（制度）是否满足要求； ——相关人员满足法定的资格要求； ——装备、设施满足法定检测的要求		
依从	（1）执行检查的人员是否具备相应的能力和专业知识，熟悉检查内容、掌握、检查的方法与技巧。 （2）是否按标准要求对检查的结果进行统计、分析？ （3）对检查发现的问题，是否纳入纠正与预防系统，并与相关人员进行沟通		

项目	审核要点	审核发现	备注
绩效	（1）各类、各项检查工作是否按规定或计划进行？是否达到检查的目的？ （2）检查发现的问题是否得到闭环控制？如：列入缺陷管理、整改计划进行改进等。 （3）对重复或多发的问题和超期未整改的现象，是否从管理和执行上进行总结、改进？ （4）是否定期对检查管理标准和检查表的有效性、完整性、系统性、合理性进行回顾、改进		

9.2　安全管理体系审核（260分）

目的：评估风险管理体系运作的效力，以确保其适宜性、充分性、有效性与持续改进。

安全管理体系审核要点见表9-2。

表9-2　　　　　　　　　　安全管理体系审核要点

项目	审核要点	审核发现	备注
策划	（1）企业是否建立管理标准对内审、外审与管理评审工作的策划、组织、实施等做出规定： ——组织要求； ——时间要求； ——人员要求； ——方法与技术要求； ——过程要求； ——报告与分析要求。		

续表

项目	审核要点	审核发现	备注
策划	（2）企业是否建立内、外部审核及管理评审的计划及实施方案，方案是否明确： ——审核时间； ——审核范围； ——审核工具与方法； ——审核人员。 （3）企业是否为审核提供必要的资源和信息		
执行 （内审）	（1）企业是否每年至少开展一次内部审核？并是否按审核计划及方案实施？ （2）内部审核是否使用了标准的审核工具，包括：审核方案/调查表/软件工具，以减少主观性和不一致性？ （3）为保证内部审核发现问题的有效性和真实性，并准确地评估操作层面的工作，是否尽可能询问最了解所评估问题的人员、查看工作记录或现场检查？ （4）是否通过末次会议、报告等形式对审核发现进行沟通？ （5）内部审核是否对优秀的表现给予了认可？ （6）审核结果是否文件化并发布		

续表

项目	审核要点	审核发现	备注
执行（管理评审）	（1）企业最高管理者是否每年组织开展管理评审？管理评审是否由高级管理层组织实施？是否对企业安全生产状态的有效信息进行充分评审，解决安全生产中的重大问题和保证纠正措施所需的资源？ （2）管理评审前，是否准备了与评审相关的各种输入资料？ （3）企业的管理评审是否完成下列工作任务，并在管理评审报告中体现： ——制订改进体系效力与管理过程的措施； ——评估企业结构与资源的适宜性，优化资源配置； ——明确绩效改进的目标与指标； ——识别当前的重大风险，并制订风险的缓解与控制计划； ——明确、修订企业未来发展策略及其阶段性计划； ——管理人员应针对存在的问题制订纠正措施并有效落实。 （4）管理评审报告或结果是否文件化并发布		
执行（外审）	（1）企业是否按计划开展外部审核？ （2）外部审核实施前是否完成规定的内审及管理评审，并收集审核资料及准备好相关资源		

续表

项目	审核要点	审核发现	备注
依从	（1）内部审核是否由有资质的内部审核员进行？ （2）是否对审核发现的问题进行研究并制订相关改进措施和行动计划，并纳入纠正与预防系统进行管理		
绩效	（1）对内、外部审核及管理评审的实施是否进行了总结、分析改进？ （2）内、外部审核及管理评审发现的问题是否得到有效纠正与预防？ （3）是否对内审与管理评审标准、审核方案进行了回顾，并对其合理性、可操作性进行修正，提升审核效力？ （4）审核过程有关人员是否如实反映相关问题，并积极配合审核		

9.3　纠正与预防（240 分）

目的：建立统一、正式的纠正与预防系统，确保纠正与预防行动的有效实施。

纠正与预防审核要点见表 9-3。

表 9-3　　　　　　　　　　　　　纠正与预防审核要点

项目	审核要点	审核发现	备注
策划	（1）是否建立了对生产活动和安全风险管理体系运行中出现问题进行纠正与预防管理的标准？ （2）是否建立纠正与预防管理控制系统，该系统是否能实现： ——信息的统一、集中管理； ——纠正与预防行动的分配与审批； ——纠正与预防行动的跟踪与反馈； ——纠正与预防行动的统计与分析。 （3）是否制订了纠正与预防行动工作计划？计划是否包含： ——纠正与预防行动具体措施的要求； ——执行纠正与预防行动的责任部门、人员、时间要求； ——及时反馈纠正与预防行动执行情况的要求		

续表

项目	审核要点	审核发现	备注
执行	（1）纠正与预防行动计划是否覆盖安全生产过程、活动中发现的所有问题？ （2）是否针对根本原因制订纠正与预防措施，并根据轻重缓急对安全生产问题制订行动计划？ （3）需要多部门协调处理的纠正与预防行动是否进行跨部门的沟通、协调和监督		
依从	（1）是否按计划执行纠正与预防行动？ （2）是否按标准定期回顾纠正与预防行动的执行情况，包括： ——责任人是否每月与管理者沟通纠正与预防行动的执行情况； ——责任人是否每月与员工或安全区代表沟通纠正与预防行动的落实情况		
绩效	（1）纠正与预防行动的执行情况是否定期进行统计、分析和评估？执行过程中，对纠正与预防行动计划进行调整？并关注调整的原因？ （2）企业是否按要求评估纠正与预防行动解决根本问题的效力？评估是否依从下列方法： ——消除、降低风险的评价； ——随机选择普遍关心的重大问题，对所实施的纠正与预防行动进行效果评估； ——选择一个工作现场进行观察，检验纠正与预防行动是否控制了问题的再次发生； ——定期与安健环工作人员讨论，并回顾采取的纠正与预防行动的执行效果。 （3）纠正与预防系统运转效果如何		

编　后　记

　　广东电网有限责任公司机巡管理中心从 2015 年 8 月正式挂牌成立,是国内首个专业开展有人直升机、无人机巡检作业管理的省级中心机构。在广东电网有限责任公司生产技术部的领导下,统筹管理广东电网公司输电、变电、配电三大专业的机巡业务。

　　广东电网有限责任公司机巡管理中心自成立以来,持续自主创新,推动电力机巡事业高质量发展进程,因成绩突出,2018 年荣获南方电网集体一等功。2019 年实现了广东电网输电架空线路机巡作业全覆盖,2021 年实现了广东电网 10kV 配电架空线路无人机自动驾驶巡检全覆盖,2022 年实现了广东电网 2007 座户外变电站无人机自动驾驶巡检全覆盖，广东电网有限责任公司率先成为"全国首个、规模最大"输变配机巡自动驾驶全覆盖的省级电网，国内首创"基于新质生产力的输变配机巡'1+2+5'管理模式"，国内首创并高效运转"无人机自动驾驶巡检为主、手控飞行巡检为辅、人工巡视补充、运检分离"的配电智能运维新模式，创立国内"配电机巡"崭新品牌。

目前我们已积累了机巡作业安全管理、质量管理、技术管理、标准管理、项目管理等方面的大量经验，而国内在机巡安全风险管理体系方面并没有系统、全面的专业书籍，我们主动担当作为，总结8年多来的经验，并征求、融合其他20个相关电力机巡企业或单位的机巡安全管理经验，终于著成《电力机巡企业安全管理体系审核》一书，填补了机巡安全管理领域的一项空白，极具里程碑意义！

本书的正式出版，必将成为国内电力机巡企业或机巡管理单位在安全管理体系建设过程中的最佳参考书籍，必将为他们指明极为清晰的建设方向。当然各个单位各有其特殊情况，在建设过程中应该结合本单位的特色进行本地化修编适用。

虽然我们在电力机巡业务领域已经站在了全国前列，但是我们仍然只是该领域的先行探索者而已，我们将不忘初心，不辱使命，持续秉承创新发展理念、爱国奉献精神，不断总结机巡业务领域的各方面优秀成果，争取出版更多的电力机巡专业书籍，为电力机巡事业的后来者铺设一条光明大道。

希望以本书为契机，团结国内机巡业务领域的先进专家和核心力量，一起努力、持续奋斗，共同促进电力机巡事业的蓬勃发展！

主编

2024 年 3 月